AF191195

OMVÄGAR HEMÅT

Av Kicki och Gunnar Lidén:

Ett dussin russin 2007
Sånger från balkongen 2014
Grekiska Livstycken 2016
Under tamarisken 2016

Gunnar Lidén

OMVÄGAR HEMÅT

Dikter 2005 - 2015

Innehåll

Förord

Den bästa vägen är inte alltid den rakaste och snabbaste. Vägen genom livet överraskar och leder i krumbukter som väcker frågor om vart vi är på väg. Kanske förstår vi vägen när vi ser i backspegeln och får kraft att gå vidare med bra reskamrater. Vägen framåt kan vi bara ana. Hoppet är vår följeslagare och drömmarna ger oss kartan. Vår magkänsla är kompassen som leder oss ut i okänd terräng där stigarna är smala och vägvisarna glesa. På vägen möter vi resenärer som liksom vi färdas till avslägsna mål. Det är vägen som betyder mest. Fram kommer vi troligen och om målet inte blir som vi tänkt oss, blir det annorlunda och ofta bättre.

Jag har påbörjat en omväg hemåt. Många omvägar har det blivit genom åren. Det har varit spännande och utforskande resor. Att ta en omväg är att ha ett särskilt ärende som gör att jag behöver vika av från den rakaste vägen. Omvägen är ofta intressantare än den vanliga vägen. Som när vi körde bakom Olympen för att strejkande bönder med sina traktorer spärrade den stora vägen. Det blev en bakväg. En omväg hemåt. Jag vill inte vara utan den resan.

Maj 2016
Gunnar Lidén

VI SPÄNNER UPP EN HIMMEL

2005

VI SPÄNNER UPP EN HIMMEL

Om väggar kunde tala
då hörde jag en sång,
som kom från alla tysta tankars rum.
Om pelare höll uppe
den himmel som finns kvar,
då hörde jag en röst som blivit stum.

Om golvet kunde hålla,
då kände jag en jord,
som bar oss genom våra livsförsök.
Och varje steg vi prövar
har någon gått förut,
Du väntar längre fram vid vägens krök.

Om taket kunde höra
då ropade jag högt,
till friheten som bor där ovanför.
När ska ditt rike komma?
När ska din vilja ske?
Din himmel våra hjärtans tankar hör.

Och du har länge lyssnat
och undrat liksom jag,
när landar alla drömmarna hos oss?
Vi spänner upp en himmel
och väntar varje dag,
att stjärnorna ska tändas liksom bloss.

STJÄRNANS FÄRD

Se hur himlen kommer nära.
Stjärnans färd skall föra dig.
Högre upp vill den oss bära.
Lysa varje hjärtas stig.

Se på himlens morgontimma.
Hoppets sånger ingen räds
bortom vintergatans dimma.
Marken lyser, jordens gläds.

Se när himlen lyfter själen
högre upp än ögat ser.
Värmer jorden. Tinar tjälen
som inom oss smälter ner.

Se på himlen vid din sida.
Stjärnans färd är varm och klar.
Öppnar tusen famnar vida
som i hoppet dröjer kvar.

Se på himlen i ditt hjärta.
Sanningen den ensam vet.
Stjärnan vill för dig berätta
om din egen hemlighet.

ETT DUSSIN RUSSIN

2007

ALLTING BÖRJAR

När året just har börjat
är framför alltid störst.
Tolv månader om året
men januari först.

En bok med tomma sidor
är året i min hand.
Här skriver jag min framtid
i januariland.

Det kommer nog en vinter
med kyla, snö och is.
Kristaller tänder stjärnor
på januarivis.

Där under vintertäcket
har livet byggt ett bo.
Nu sover kryp och larver
med januariro.

Allting börjar med en tanke.
Allting börjar med ett ord.
Det vi önskar kommer nära.
Vi vill bo på denna jord.

JANUARI

När året börjar och ingen vet
om ljuset räcker till kvällen.
Då har jag tänt varje hemlighet
som skapar värme på mörkaste ställen.

När året börjar och drar igång,
då är det mörkt vill jag lova.
Då nynnar jag på min vintersång
och tycker dagen blir väldigt lång.
Jag är trött och vill sova.

När livet börjar på nytt en dag
då får man lämna det gamla.
Jag ser framför mig en snökristall
där vill jag drömmarna samla.

När dagen börjar med vinterlov
då ser jag stjärnorna gnistra.
Det har visst snöat medan jag sov
och morgonen är tyst och dov.
Jag är trött och vill sova.

FEBRUARI

Tusen stjärnor i en driva snö,
försöker fånga en.
När jag tittar liknar den ett frö,
som om sommaren.

Jag fyllde mina vantar med ett stjärnförråd
från vintergatans stig.
Två stjärnor som var fiender, fick goda råd:
Det blir snöbollskrig!

Jag kan höra isen sjunga
på min vintersjö.
Jag kan känna på min tunga,
luften smakar snö.
Skridskon glider, är min vän
Februari den är här igen, hos mig.

Mina vantar luktar vinter, smakar yllepäls,
kängor impregneras
Nära elementet dom på natten ställs.
Snälla, snöa mera!

Alla mina flingor har sin egen form,
ingen är den andra lik.
Nån är pytteliten, någon är enorm.
Varje stjärna är unik

MARS

Har du hört att träden börjar spela,
fast i mars är grenar ännu stela.
Har du sett att isen börjar gunga?
Har du märkt att vattnet börjar sjunga?

Har du hört att snödropparna droppar?
Gröna stjälkar upp ur marken ploppar.
Har du märkt att snön i drivan rinner?
Har du känt att solens strålar brinner?

Det är skönt när solen börjar värma.
Åtta katter hör jag börjar svärma.
De har nio liv om jag dom räknar.
På min näsa blommar tio fräknar.

Våren vaknar långsamt,
drar sig under täcket,
himlen tar och gäspar en gång till.

APRIL

Nu lättar vårens hårda tryckförband
när ljuset knyter upp en öppen hand.
Vi ser att våren kommer till vårt land.
Den kommer där med ljuset hand i hand
som rullar in en vinterfilt
där vintern vita fläckar spillt.

Det dansar några tranor här intill.
De kommer hit i mitten av april.
Vi känner att vi också flyga vill
och sväva ovan molnen tätt intill.
Med vingar som ett segelplan
flög tranorna högt över stan.

Aprilsol tinar upp en frusen jord
när våren dukar av sitt vinterbord.
En vår som lockar söder upp i nord
och blommorna i trädgården de gror.
Vi till den skara mänskor hör
som längtar till och lever för:

Snön i april hör våren till.
Vitsippan fryser om bena.
I år är stararna sena.
Våren gör som den vill.

MAJ

Var kommer alla fjärilar ifrån?
Nu vaknar mina vänner i naturen.
Här hoppar livet fram och tar sig ton,
hos fåglarna och fiskarna och djuren.

Vad gjorde alla blommorna igår?
Nu vaknar alla vännerna på marken.
Dom ler ikapp med solen där dom står
i trädgården och skogen och i parken.

Var kommer alla människor ifrån?
Nu träffas vi på alla gamla ställen.
Vi vill att dagen ska bli jättelång
från morgon, under dagen och till kvällen.

Än en gång har maj förvånat
alla som om våren drömt.
Vintern som min värme lånat
blir en sommar som jag glömt.

JUNI

Någon har sagt i mitt öra
att sommaren börjar nu.
Så mycket som jag vill göra
fast klockan bara är sju.

Någon har sett i mitt öga
att sommarens dag är lång.
Inga timmar är tröga
allt händer på samma gång.

Någon har känt på min panna
att sommaren steker hett.
Soltallriken vill nog stanna
på himlens blå servett.

Någon har tömt en flaska
som mötte en törstig hals.
Drycken känns som torr aska
och svalkar mej inte alls.

Med alla mina sinnen
rör du vid min själ.
Du skapar sommarminnen
och vårdar dem så väl.

Någon har drömt att få dofta
som ängen en sommarnatt.
Midsommar sker ej ofta,
men gömmer en dyrbar skatt.

För juni är här nu och nära
med morgonens ljus i min hand.
Dagar får jag bära
som pärlor i mitt sommarhalsband.

JULI

När sommar'n är som bäst i mej
då vill jag samla minnen.
Då sparar jag varenda grej
och gömmer dom på vinden.

När sommar'n är som bäst i mej
då är jag aldrig inne.
Då längtar jag tillbaks till dej.

När sommar'n är som bäst i mej
då reser jag till landet.
Där är min kompis helt okej,
vi knyter sommarbanden.

När sommar'n är som bäst i mej
jag ligger där i sanden.
Då längtar jag tillbaks till dej.

När sommarn är som bäst i mej,
Då blir den som jag ville.
- För jag är nog en julitjej
- och jag en julikille.

När sommar'n är som bäst i mej
då har vi fest med alla.
Då skickar jag en fet pastej
i magen på din fralla.

När sommar'n är som bäst i mej
då ser jag stjärnor falla.
Då längtar jag tillbaks till dej.

När sommar'r är som bäst i mej
då vill jag inte sova.
På kvällen blir det stort galej
och roligt vill jag lova.

När sommarn är som bäst i mej
blir morgonen en gåva.
Då längtar jag tillbaks till dej.

När sommar'n är som bäst i mej
då vill jag samla vänner.
Jag vet att jag får inte nej
från alla som jag känner.

När sommar'n är som bäst i mej
tar jag en dag i sänder.
Då längtar jag tillbaks till dej.

AUGUSTI

När himlen är vit och dagen blir het,
längtar jag dit som bara vi vet.
Solen på himlen gungar.
Molnet har tusen ungar.

När luften är blå och kvällen är tyst
går jag på tå, det hörs ej ett knyst.
Men då kan jag få för mig,
jag ropar så alla hör mig:
solen är min allra bästa vän.

När himlen är röd och aftonen sen
delar vi bröd i ljuslyktans sken.
Stjärnan där uppe blinkar.
Gubben i månen vinkar.

Jag ror över kvällens vatten,
långt bort från dagens brus,
till ro i sommarnatten
på vågor av silverljus.

SEPTEMBER

Min katt har sprungit bort,
vart tog han vägen?
Nu går han väl och
längtar hem till sig.
Det gick så väldigt fort,
högt upp i träden.
Där sitter han och
spanar efter mej.

Min skatt är inte här,
var har den gömt sig?
Jag letar bakom buskar,
under sten.
I skogen har jag sökt.
Tänk om den glömt mig.
Min vän har kanske
bara blivit sen.

Min vän har gett sig av
långt ut i världen.
Han skriver väl ett
brev en vacker dag.
På resan genom livet,
lycklig är den
som finner målet
för sitt rätta jag.

Min grå septemberkatt
gör ett septemberspratt
en mörk septembernatt
-bara därför att!

OKTOBER

Vart tog min vita t-shirt vägen?
Och mina shorts har sagt gonatt.
Vi byter färg på våra kläder,
Nu tar jag på mig rött och svart.

Jag tar en tröja på, men träden
tar av sig allt som dom har på.
De byter färg på sina kläder,
men fryser inte alls ändå.

Vart tog min fina baddräkt vägen?
Den hängde här på tork igår.
I vinden seglar kyligt väder
som landar i mitt blöta hår.

Under sängen har jag letat,
där låg min mössa sen i fjol.
Men under träden har jag vetat,
att träden lagt sin bruna kjol.

Det kommer nya löv till våren.
Hösten har sin egen färg.
Gröna blad blir gula och fula,
som vi krattar hop till stora berg.

NOVEMBER

Korta dagar, inget händer
här i mitten av november.
Och ljuset räcker inte till
för att göra det vi vill.

Då sätter vi ner hälen
och vi far till annat land.
Kroppen finner själen
på en vit novemberstrand.

Långa dagar, solen liten,
känner mig så trött och sliten.
Och orken räcker inte till
för att göra det vi vill.

Här i mitt mellanrum
har tiden stannat.
Ett provisorium
ger plats för nåt annat.

Stilla dagar med försening
ger åt mörker annan mening.
Och livet räcker inte till
för att göra det vi vill.

DECEMBER

Jag går och väntar på nå't gott,
då rör sig tiden sakta.
Jag har i hemlighet förstått
att väntan ska man vakta.

Är det okey, det undrar jag
att önska sig en vinter.
där snön ligger kvar
Och inte is som är för svag.
Då blir det fint alpint här
en vit decemberdag.

När tomten får mitt önskebrev,
då kommer han att undra
om jag var ärlig när jag skrev
att jag var snäll och livet blev
rätt bra efter förmåga,
så han tomteskägget rev.

Min önskelista är klar
där står det som är viktigt.
Adressen är till tomtefar
som är för mig på riktigt.
Jag la den snäll och rar
i hans stövelpar.

DET BLÅSER I MITT BETLEHEM

2009

UNDER TIDEN

Under ett träd satt en herde still,
och höll över fåren vakt.
I himmelens öga syns månens pupill,
spana i öde trakt.

Under kupolen av stjärnornas sken,
herden fick ögon att se.
Det som var lovat för så längesen
skulle nu äntligen ske.

Under hans dröm hade vinden blåst,
ingenting var som förr.
Till dagen som verkade stängd och låst,
öppnas en okänd dörr.

Under en färd till en liten stad
ser herden att någon bär
det barn som gör jorden så himlaglad
och framtiden synlig här.

Under tiden som livet går
stannar vi världens gång.
Allt blir nära, vi stilla står,
lyssnar till himlens sång.

NU GÅR VI TILL STALLET

Nu går vi till stallet i Betlehem
att se vad som hände den gången
när barnet som föddes på vandrarhem
blev väckt utav änglasången.

Nu går vi till stallet med får och häst
att se vad som hände den tiden
när barnet i Betlehem sov som bäst
och drömde om änglafriden.

Nu går vi till stallet med vise män
från hela vår jords kontinenter
till barnet som föddes för länge sen,
och se alla fina presenter.

Nu går vi till stallet i kyrkans hus
att se när ett barn kom till världen
i mörker som fylldes med änglars ljus
och stjärnan på himlafärden.

Stjärnljus lyser stilla
på vår vinterfärd.
Jesusbarn, du lilla
lyser upp vår värld.

EN STJÄRNA TÄNDS

En stjärna tänds på himlen
Den lyser varje natt.
När sökaren väl finner den
då ligger där en skatt.

En stjärna tänds på himlen.
Vart för den mina steg?
Jag går i världens vimmel.
En karta visar väg.

En stjärna tänds på himlen.
Den stämplas i mitt pass.
På resan ut i världen sen,
blir stjärnan min kompass.

En stjärna tänds på himlen.
Vem följer ljusets färd?
Vi som i elfte timmen
vill vårda denna värld.

I stjärnorna står skrivet
allt vi hittills vet.
Var vi finner livet,
och hur vi missar det.
I stjärnorna står skrivet
när vi skickas ut.
Hur vi lever livet,
och när det tar slut.

JOSEF OCH MARIA VANDRAR

Som en liten prick vid vägens ände
Josef och Maria vandrar fram.
Resan för dem ut i ett elände.
Luften är så kall och full av damm.

Josef går och tänker på Maria:
vågar han bli pappa till ett barn?
Nu är det för sent att våga fria
tänker han, den stora starka karl'n.

Alla är på väg till sina städer.
Några är på väg till sina hem.
Snart ska de ta på sig varma kläder
när de kommer fram till Betlehem.

Alla är på väg till sina vänner,
några är på väg från sina hem.
Snart finner de att ingen enda känner
det barn som är på väg till Betlehem.

Resan för Maria är oändlig
Trött och långsamt tar hon sina steg.
Josef är som vanligt mycket vänlig.
Sanningen om barnet han förteg.

Vägen fylls av människor på vandring.
Några måste vända och gå hem.
Här möts alla i en enda blandning,
hur ska de få plats i Betlehem?

TVÅ HÄNDER

Två händer som vet hur man skär med kniv
har Josef att jobba med.
Ur stillheten vaknar ett himla liv
när Josef mest ville va ifred.

Två händer som bygger en säng av trä
har Josef till redskap fått.
Nu står han vid krubban bland fjäderfä
Ett barn är på väg – nu är det brått!

Två händer som aldrig har hållt ett barn
har Josef att bära i.
Men styrka och kraft i sitt handslag har'n.
En säng för en kung, det ska det bli.

Två händer som smeker en liten kind
har Josef i längtan sett.
En ängel fick Josef att bli påmind
om ansvar för det som nu har skett.

Två händer som lagar en liten säng
har Josef till tårar rört.
Han vet att han kapar en navelsträng
till allt som hans hjärta har berört.

Två händer han knäpper ihop i tro.
Vid krubban han står beredd,
Till barnet han bygger ett litet bo
som skapelsens första varma bädd.

I STALLET STÅR HERDEN

En herde står lutad mot stallets vägg
han ställer sin herdestav
vid dörren, och ler i sitt mörka skägg
mot mamman som livet gav.

Med stadiga händer tar herden fram
en gåva till stallets barn.
Han håller den ömt som ett litet lamm.
Med snöre av tvinnat garn.

Av hela sitt hjärta vill herden ge
den sång han av änglar hört.
När himmelen öppnades fick han se
att barnet hans hjärta berört.

Han trodde att allt som var störst var bäst
och själv var han inget värd.
Men Ära till Gud hördes alltid mest
på vandrarens ensamma färd.

BARNET SOVER I MIN FAMN

Ett barn är fött en vinternatt,
det ropar på sin mamma.
Och pappan som vid dörren satt
får komma med detsamma.
Ditt hår som än är lite vått
får Josefs fingrar kamma.
Aptit på livet har du fått.
Maria börjar amma.

Barnet sover i min famn.
Det andas lugnt och stilla.
Vi skyddar dig, du lilla.
I drömmen viskar vi ditt namn.
Vi skyddar dig, du lilla,
ingen gör dig illa.

I stallet ser sig ungen kring
när allas armar bär den.
Härinne skrämmer ingenting
från herdens mörka gärden.
Du skapar med ditt lilla liv
vår närvaro i världen.
När tiden går med stora kliv,
tar vi det lugnt på färden.

Du föddes medan tiden går
och bäddades i linne.
Hur märkligt är att tiden står
helt stilla i vårt sinne.
Jag väntade två tusen år
och bar dig i mitt minne.
Den gåva vi av livet får
kan ingen stänga inne.

VAD TÄNKER DJUREN PÅ?

Vad tänker en oxe på där han står,
och slår med sin långa svans?
Han hör att soldater på avstånd får
order att lämna sin skans.

Vad tycker en häst om sin situation?
Hon lyssnar med halsen sträckt.
Och känner i marken en vibration,
Herodes är helt förskräckt!

Vad tror väl en åsna om det som hänt
hon äter och sväljer tyst.
Och tuppen berättar och säger spänt:
-Maria är efterlyst.

Vad önskar ett får av en okänd gäst
förklädd i sin päls och hatt.
En hemlös behöver nog rummet bäst
på flykt både dag och natt.

Vad ger väl en spindel för goda råd
till barnet på vingelben
som väver sitt liv av en tunn, tunn tråd
från jorden till himmelen.

DET BLÅSER I MITT BETLEHEM

Det blåser i mitt Betlehem
och vinden smakar salt.
Havet är vårt stora hem
som bär oss överallt.
Det snöar i mitt Betlehem
i stallet är det kallt.
Nu tänker jag på alla dem
som fryser överallt.

Här i mitt rum på en hylla
sover ett barn i vårt hus.
Tänk att ett barn kunde fylla
en värld med värme och ljus.
Här lyser stjärnan, den trygga.
Vakar när jag somnat in.
Tänk att ett ljus kunde bygga
en värld så underbart fin.

Det sjunger i mitt Betlehem
med röster tusenfalt.
Vi äntligen fick veta vem
som hör oss överallt.
Jag vandrar i mitt Betlehem
och drömmer att jag ser
hur natten fylls av norrsken
som lyser mer och mer.

UNDER TIDEN   II

Under kan ske i en liten stad
där människor väntar och tror.
Herden har vandrat längs husens rad
tillbaks dit han ensam bor.

Under sitt slitna anletsdrag
herden mot världen ler.
Livet har givit hans arbetsdag
en glädje som fåren ser.

Under ett träd satt en herde och sov.
I drömmen blev natten dag.
Änglarna sjunger ett barn sitt lov,
dansar med vingeslag.

Under tiden som livet går
stannar vi världens gång.
Allt blir nära, vi stilla står,
lyssnar till himlens sång.

STJÄRNEFALL

Nu öppnas julens dörr på glänt,
vårt hjärta fylls av hopp.
Här brinner ljus, det är advent,
en stjärna lyser opp.

All världen står och väntar på
ett himlafenomen.
Där ljuset är, dit vill vi gå,
på väg i nattens sken.

Vi skyddar ljuset med vår hand.
Det får ej blåsa ut.
Om lågan fladdrar till ibland,
så tar den aldrig slut.

När vintern står decemberkall
och himlen saknar ljus.
Vi ser ett litet stjärnefall
som stannar vid vårt hus.

MELLANRUM

2005 - 2010

NU VILAR DU I LJUSET

Nu vilar du i korgen.
Vi bär dig natt och dag.
Vi bär den stora sorgen
i varje andetag.
Nu är du alltid nära,
fast du ifrån oss går.
En ängel ska dig bära.
Vi följer dina spår.

Nu vilar du i ljuset
så blekt och vinterkallt.
När glädjen har förfrusit,
vi bär dig överallt.
Nu är du alltid nära,
fast du ifrån oss går.
En ängel ska dig bära.
Vi följer dina spår.

Nu vilar du inom oss,
här går du aldrig bort.
Vi bär dig hela livet,
ditt hjärta slår i vårt.
Nu är du alltid nära,
fast du ifrån oss går.
En ängel ska dig bära.
Vi följer dina spår.

NÄR DU SÅG MIG

När jag ser dig
ser jag himlen
och du vänder upp och ner
på den värld som jag har skapat.
Allt det nya
som jag ser.

När jag ser dig
ser jag livet,
vill jag vara nära dig.
Denna värld som vi har skapat
har just börjat
öppna sig.

När du såg mig
blev jag mänska
och du förde mig en dag
till den värld som du har skapat.
Där du såg mitt
rätta jag.

När vi står här
ser vi världen
som vi skapar dag för dag
till ett liv som Gud har väntat.
Skaparkraften
han oss gav.

I SOMMARENS FAMN

Nu öppnar sommaren sin stora famn.
och möter oss med sol och grönska.
Vi reser till en okänd sommarhamn
där finns ju allt som vi kan önska.

Då vänder vi oss om och ser
att livet ger oss mycket mer
än vi kan ta emot och bära.

Nu reser vi med sommarns fribiljett
till äventyret där framöver.
Vår packning är så liten och så lätt
för sommarn ger vad vi behöver.

Då vänder vi oss om och ser
att livet ger oss mycket mer
som vi kan emot och lära.

Nu går vi ut i sommarns gröna land
och sommarlovets dagar många.
Var morgon är en gåva i vår hand
och kvällarna är blå och långa.

Då vänder vi oss om och ser
att livet ger oss mycket mer
som vi kan leva nu och nära.

NU VÄNDER LIVET ÅTER

Nu vänder livet åter
till vintern i min kropp.
Och den som stilla gråter
får styrka, mod och hopp.

Nu vänder livet åter,
förvandlar mörkt till ljust.
En sol som allt förlåter
med vårens skaparlust.

Nu vaknar vintersjälen.
En vår vi hoppas på
med sol som tinar tjälen
och tusen bäckar små.

Nu vänder livet åter.
Ett frö har börjat gro
med hopp som överlåter
mitt tvivel till din tro.

Nu vänder livet åter
med vårens lovsångsljud
där fågelsången låter
som änglars sommarbud.

UNDER TRÄDET

Får jag sitta under trädet med dig?
Medan knopparna blir röda,
medan saven börjar blöda,
vill jag vänta på en sommar med dig.

Får jag sitta under trädet med dig?
Medan humlors vingar viner
genom grenars baldakiner,
vill jag lyssna efter sommaren med dig.

Får jag sitta under trädet med dig?
Medan fåglar börjar bygga
litet bo, de flyger skygga,
vill jag lära känna sommaren med dig.

Får jag sitta under trädet med dig?
Medan vinden smeker barken,
och när solen bränner marken,
vill jag värmas av en sommar med dig.

Får jag sitta under trädet med dig?
Medan dagens bästa ställen
släcker ner och går mot kvällen,
vill jag stanna här i sommaren med dig.

SKAL

I jorden ett vilande frö ligger gömt
som väntar tills vintern sin kyla har tömt.
På ytan är allt övergivet.

När skalet ger vika kan nytt liv få bo
men mörkret behövs för att livet ska gro.
En dag kommer natten med livet.

Det svarta som vaknar när livet står still
har frökapseln fylld av en framtid som vill
sy hop det som var sönderrivet.

Ett frö i en människas inre vill tro
att människan växer när hjärtat får ro.
Ur döden blir liv, står det skrivet.

VINTERGATAN

På en jord i nattens mörker
vilar vinterns vita sken.
I en ljusglimt öppnas himlen för en stund.
Hela världen svävar tyngdlös
i en silvervit sekund
Jag hör vintergatans sång från längesen.

Med en ton i nattens mörker
vilar vinterns glömda ord.
För de gömda minnen lämnas vi ifred.
Under ytan sover barnet
som vi en gång föddes med.
Glömmer en och annan handling
som blev gjord.

Vid en sjö i nattens mörker
vilar vinterns katedral.
När vi står på tidens botten höjs vår blick.
Livets lyftes och sjönk åter:
Flod som kom och ebb som gick.
Evigheten fyller havets pelarsal.

I ett land i nattens mörker
vilar vinterns första snö.
Vintergatan lyser självklart inuti.
Som en stjärna i var mänskas
egen självbiografi.
Allt är möjligt.
Livet vaknar som ett frö.

På en väg i nattens mörker
vilar vinterns ljusgirland,
med de löften som jag fick vid resans start.
När jag vandrar öppnas vägar
om jag håller lägsta fart.
I ett månljus susar evighetens vagn.

Mot en värld i nattens mörker
vilar vinterns kalla hand,
när vi spelar för en frysande publik.
Med en glöd från livets inre
spelas framtidens musik:
Vintergatans världsberömda All Star Band.

Mitt i mörkret ser jag att
den väg jag sökt i dagens brus
klarnat i den långa natten
under vintergatans ljus.

PÄRLAN

Jag har funnit en pärla som är vit som snö.
Den är liten och gömmer sig i världen.
Pärlan känner mitt namn och när jag bär den
blir jag stark som ett litet senapsfrö.

Som en skatt har jag funnit det jag längtat till,
när jag vandrat runt i världens vimmel.
Jag vet att varje människa som tror och vill
bär en pärla med kärna av en himmel.

Jag har funnit en pärla som är svart som sot.
Den är liten och gömmer sig i världen.
Pärlan känner min sorg och när jag bär den
blir jag buren när allt går mig emot.

Jag har funnit en pärla som är gul som guld.
Den är liten och gömmer sig i världen.
Pärlan känner min själ och när jag bär den
blir jag lätt och befriad från min skuld.

Jag har funnit en pärla som är klar som glas.
Den är liten och gömmer sig i världen.
Pärlan känner mitt namn och när jag bär den
blir min hemliga längtan min oas.

Jag har funnit en pärla som är grå som sand.
Den är liten och gömmer sig i världen.
Pärlan känner min tomhet när jag bär den
och den fyller med tålamod min hand.

Jag har funnit en pärla som är röd som blod.
Den är liten och gömmer sig i världen.
Pärlan känner mitt namn och när jag bär den
blir mitt hjärta en källa fylld av mod.

Jag har funnit en pärla som är blå som hav.
Den är liten och gömmer sig i världen.
Pärlan känner min tro och när jag bär den
får jag vila från alla tunga krav.

MITT I LIVET SER JAG DIG

När du ser mig som din vän
är jag nära himmelen.
Alla träd och alla sjöar,
alla berg och alla öar
kommer nära, nära mig.
I naturen ser jag dig.

När du ser mig som din vän
är jag nära himmelen.
Alla stora, alla små,
alla röda, alla blå
kommer nära, nära mig.
I en mänska ser jag dig.

När du ser mig som din vän
är jag nära himmelen.
Alla frågor, alla tankar
som på drömmens portar bankar,
kommer nära, nära mig.
I mitt ansvar ser jag dig.

När du ser mig som din vän
är jag nära himmelen.
Du vill möta mig i världen,
bli min vän på upptäcksfärden.
Du är nära, nära mig.
Mitt i livet ser jag dig.

HUS VID HAVET

Mitt hus vid havet
har två små rum
med utsikt åt fjärd och fyr.
Ett fönster öppnas
när dagen gryr.

Mitt hus vid havet
har sval balkong
där dagen sin början tar.
I bergen ser jag
att snö finns kvar

Mitt hus vid havet
har trappa ner
till svalkande morgondopp.
Där väcker solen,
min trötta kropp.

Mitt hus vid havet
har högt i tak
för drömmar om lust och liv.
Min dag blir aldrig
ett tidsfördriv.

En vinterdag
när köld tar tag
då värker ordningskravet.
En vinterdag,
då längtar jag
till en balkong vid havet.

LÄNGST UT

Längst ut på bryggan
sitter flickan i sin egen värld.
Ingen har tid för att lyssna.
Högt rullar skriket
på vågornas vilda färd
river ett hjärta till tystnad.

Här sitter jag länge
med tiden i handen.
Timglaset stänger
flödet av sanden.
Ingen har frågat
när tiden vänder.
Nu har jag vågat
ta en dag i sänder.

Längst in i livet
hör jag tydligt min egen röst.
Vågorna stormar ej mera.
Längst in i livet
finner själen ett ord till tröst.
Jorden har slutat rotera.

Ytterst av öar,
där börjar Hebriderna.
Vägarna slutar vid stranden.
Kartan av glas
visar hur medeltiderna
ännu har makt över anden.

Under det synliga,
marken och vågorna
sökaren når världens ändar.
Längst ut till kusten
ser vi ljuset och lågorna.
Sanningens insikter bländar.

VÅRDAGJÄMNING

Natten och dagen är nu lika långa.
Mörkret och ljuset som bor i mitt liv
vaknar till ljudet av talgoxens sånger.
Våren är framtid ur minnets arkiv.

Natten och dagen är nu lika nära.
Sorgen och glädjen som bor i min själ
ser att en ljusglimt kan lyfta och bära.
Våren vill göra en människa väl.

Natten och dagen är nu lika stora.
Längtan och skulden som bor i min kropp
väntar och längtar att mörkret förlorar
makt över tvivlet och frigör mitt hopp.

Natten och dagen är nu lika starka.
Kärlek och rädsla som bor inom mig
vill utan hinder få skrika och sparka.
Mitt i min styrka behöver jag dig.

Natten och dagen är nu lika långa.
Livet och döden som bor i min värld,
vet att när tankar om tro blir för trånga,
möter en vän på min framtida färd.

VÄNSKAP

Glädjen i ditt öga
är ett tecken på vår kärlek
till det liv som nyss har vaknat.
Blicken fylls av ljus.

Svaret på min fråga
är ett tecken på vår vänskap
som har omsorg om varandra.
Orden fylls av liv.

Ringen på ditt finger
är ett tecken på vår trohet
mot varann och mot oss själva.
Handen bär vårt hopp.

Rösten jag urskiljer
är en ström från dina läppar
till en värld som fylls av röster.
Himlen fylls av sång.

Vänskap genom livet
är vår stora varma lycka.
Vi vill bygga äkta kärlek,
Hjärtat bär vår tro.

PERMAFROST

Med en stor förundran
ser vi klart bevis;
värmen väcker tundran,
smälter gammal is,

Heligt sammanbunden
med en trygg fasad.
På den säkra grunden
byggde vi vår stad.

Väggar sjunker kalla
genom snöparkett.
Jorden äter alla
hus till efterrätt

Permafrosten tinar,
i en uppvärmd vind
Gatunät förtvinar.
Stängd blir öppen grind.

Under det solida
rinner floden vild
Över fälten vida,
jorden överspilld.

Fäst vid markens rötter
kvinnan stilla står.
Tårar tvättar fötter,
torkar med sitt hår.

Tinar tjälens fängsel,
värmer själens jord.
Fotens frysta känsel,
blir omintetgjord.

Med en stor förvåning
permafrostens is,
våning efter våning
byts mot paradis.

MELLANRUM

En dag är det jag som står här
ensam i en stad
medan alla andra går där
två och två på rad.
Ensamheten sätter spår när
glädjen blir fasad.
Den som bara lycka får är
aldrig riktigt glad.

Var det bara jag som sökt en
karta och kompass,
när jag gick i storstadsröken
utan gräns och pass.
Tom och kall vid ett besök en
stol på en terrass.
Nakna bord i stadens öken,
ytan hård och vass.

I ett ensamt hjärta brinner
längtans heta glöd.
Önskar att jag någon finner
i min hungersnöd.
Rädd för att min vän försvinner
varm och rosenröd.
Den som vågar hoppas vinner
liv i överflöd.

I vårt mellanrum
ligger havet som bär oss
över djupen som lär oss
att det grunda förtär oss inifrån.
I vårt mellanrum
ligger havet som för oss
till en värld som berör oss
när vår resa har börjat inifrån.

Är det bara jag som känner
vågorna mot strand?
Möten mellan gamla vänner
binder starka band.
Är det bara jag som drömmer
att jag går i land
på en ö som aldrig glömmer
vänner hand i hand.

Mellan dig och mig,
mellan ja och nej
får du lyssna till ditt hjärta,
höra tystnaden berätta.
Mellan dig och mig,
mellan ja och nej
kan vi se vart vägen bär
i det mellanrum vi är.

UPPVIND

Nu är tid att byta kläder.
Kylan varnar,
dimman tät:
stiger klarnad.
Ljuset tänder genom dunklet
gnistor i ett spindelnät.

Allt det vackra som oss bländar,
slocknar stilla,
blåses ut.
Löven faller
ner från trädets gula krona,
jorden håller tyst minut.

Uppe på den högsta vinden
seglar minnen
väntar kallt.
Kanske hinner.
Vingarna som lärt sig bäras
vinner tiden tusenfalt.

Du har sett hur livet väntar,
rör sig sakta,
stannar till.
Vi betraktar.
Medan tider hinner kapp oss,
för att fråga vad vi vill.

Stanna kvar i morgondimman
innan dagen
blivit till.
Jorden doftar
rikare när livet byter
gamla kläder utantill.

AFTONSTRAND

Sätter du din lilla båt
i strömmen.
Lämnar du din egen värld
av tid.
Far du ut på öppet hav
i drömmen,
möter dig en väldig våg
av frid.

Lägger jag min lilla hand
på pannan.
Lämnar du ditt eget land
av strid.
Seglar du till aftonstrand,
en annan,
möter dig en väldig våg
av frid.

Ställer du din sista färd
till ljuset.
Släpper du ditt eget rum
på glid.
Vindar värmer liv, blir
aldrig fruset,
möter dig en väldig våg
av frid.

ÖPPENHET

Med öppna sinnen möter vi
en värld i stor förvandling,
där alla mänskor ingår i
en gränslös världsförsamling.
Med öppenhet som fylls med liv
får våra ord en mening.
Vår ensamhet förvandlas då
till främlingars förening.

Med öppna ögon tar jag mot
det nya, annorlunda.
Vi ser vårt sköra, blåa klot
i stället för att blunda.
Med öppet hjärta vilar vi
i tillit och förväntan.
Vi möter den som ser oss i
förståelse och längtan.

Nu öppnar vi vår egen dörr
för människor på färden.
Vår framtid skiljer sig från förr,
den gamla trygga världen.
Nu står vi alla innanför
den dörr som utestänger.
Vår öppenhet oss synliggör
och våra gränser spränger.

JAG SKRIVER ETT BREV

Jag skriver ett brev
men det blir ganska kort
för orden är svåra att finna.
Det började bra
med en väderrapport
men ordflödet slutade rinna.

Sen slängde jag pennan,
jag avbröt mitt gnäll
och tänkte att nu får jag sluta.
Jag hade ju aldrig
tänkt skriva novell
som andra ska läsa och njuta.

Då vände jag papperet,
läste en rad
om julklappar jag hade handlat.
Ett litet paket
till en vän som blir glad.
Plötsligt var brevet förvandlat.

Jag skriver ett brev
till min käraste vän
med ord som är lätta att bära.
En tanke som värmer,
den kommer igen
från dem som är nära och kära.

KONDUKTÖREN

Min konduktör hade ingen tång
när han klippte min färdbiljett.
Helt analog var min tågavgång
men mobilt mitt betalningssätt.

Min konduktör var en gammal sort
med modernaste tillbehör.
För honom har dagens tågtransport
snart digital chaufför.

Min konduktör är nog snart passé
och ersätts av automat.
Jag får själv ställa frågan i min kupé;
-är du nypåstigen, kamrat?

STREJK

I underjordens Metro
har trafiken tagit slut.
Det kommer inget tåg
till vår perrong.
Från bussparkeringshallen
är det ingen som kör ut,
Och kön av bilar är
oändligt lång.

En vanlig dag i raden
av de dagar man far illa.
Då är det lätt att trilla
ner i hål som ingen ser.
En vanlig dag i staden
är en dag när allt står stilla.
Och läget får man gilla,
fastän allt är upp och ner.

FÖR ENSAMMA HJÄRTAN

För ensamma hjärtan som väntar
har livet en vän beredd.
När kroppen och själen längtar
efter att få bli sedd.

För sårade hjärtan som kämpar
mot lögner och hårda ord.
När lusten och livsglädjen dämpar
nätternas mollackord.

För brinnande hjärtan som söker
en uthållig människas glöd.
När kärleken eldigt försöker
att ge av sitt överflöd.

Så, lyft dina händer mot ljuset
och räta din böjda rygg.
Fyll med din närvaro huset
som gör hela tillvaron trygg.

HOPP

När natten är kvar i mitt sinne,
med mörker i vart andetag.
Du vänder ditt ansikte till mig
och tänder min nyfödda dag.

När drömmarna håller mig bunden
med oro i minnenas rum.
Du vänder ditt ansikte till mig
med fridens mysterium.

När morgonen söker sig utåt
men dörren till dagen är stängd,
ett ljus tränger in som uppfyller
min kropp i sin fulla längd.

När kroppen försiktigt mjuknar
är ledernas lås kompakt.
De muskler jag sällan brukar
får vakna i egen takt.

När dagen står gläntad mot världen
och gryningen öppnar min själ,
jag börjar den dagliga färden
med ljuset som vill mig väl.

När ljuset får spridas i kroppen
som ännu är trött och svag
blir händerna fyllda av hoppet
som tänder min morgondag

Nu stiger en sol över himlen,
till natten vi säger farväl.
Idag är jag skapelsen nära,
välsignelsen värmer min själ.

ETT HEM LÅNGT BORTA

I ett hem långt borta
vi möts till livets fest.
Där trivs vi allra bäst
när dagarna blir korta.

I en famn i världen
vi möts i vänners lag.
När natten blir till dag
vi fortsätter på färden.

I ett land långt borta
vi bor vid havets strand
där himmel möter land
och nätterna är korta.

I en stad i världen
vi bor i ny kultur
där livet vuxit ur
den inställsamma flärden.

I ett liv långt borta
vi bor på lånad tid
där evighet tar vid
och åren blir så korta.

I en hamn i världen
där båtar lägger till
vi väntar och står still,
där vilar aftonfjärden.

Vi längtar ut och längtar hem
när världen blir för trång.
Vi reser ut och reser hem
på en och samma gång.

Vi reser ut till kartans kant
där inget mera är bekant.
När sanningar omvälva,
vi reser till oss själva.

FRIHETENS BAND

2011

FRIHETENS BAND

Fri som en hand när vi rör vid varandra,
rör du vid någon som sökte en vän.
Fri som ett band till en mänska bland andra,
någon får hopp om att leva igen.

Öppna din hand med kärlekens ord.
Frihetens band vill hela vår jord.
Öppna din hand, lås in ditt svärd.
Frihetens band vill hela vår värld.

Fri som en solstråle blänker i kvällen,
strör du ett ljus när ditt mörker har flytt.
Friheten finner på olika ställen
livet som får oss att börja på nytt.

Fri som en tanke förbunden med livet,
gör du en hopplös förvandlad till tro.
Fri som en längtan där inget är givet,
knyter du band över vänskapens bro.

ATT BLI MÄNNISKA

Innan vi föddes, tändes ett ljus
djupt i atomernas kärnor.
Där fanns en plats i vårt kosmiska hus
långt bortom månar och stjärnor.

Innan vi föddes, längtade vi.
Kärleken vill ju bli flera.
Mörker på ytan men ljus inuti.
Väntan är svår att hantera .

Dagen vi föddes, berörde Du oss,
lyfte oss högt över jorden.
Seglade runt som en glad albatross,
vingarna viskade orden:

-nu är du fri som en fågel i vind.
Solljuset får dig att sväva.
Dagen du föddes kom skönheten in.
Skörheten fick oss att bäva.

För varje dag som Du rör vid min själ
kan jag mitt liv acceptera.
Om ljuset slocknar, Du finns likaväl.
Skuggorna plågar ej mera.

För varje dag som Du vidrör mitt liv
rör Du vid skratten och gråten.
När Du berör mig så gör Du mig fri,
då blir jag trygg och förlåten.

JAG VILL HÖRA TYSTNADEN

Stilla vaknar vilan över stadens kvällstrafik.
Nätanslutna mänskor kopplar av.
Över torget, hem från jobbet, kaffe på ett fik.
Vågor lägger sig på mänskohav.

Jag vill höra tystnaden som talar i mitt bröst,
ord som formas utan att det hörs.
Andetagen saktar in och ger mitt hjärta tröst,
vila medan tankarna berörs.

Stilla vaknar tankarna jag sällan hinner med.
Ord som länge väntat på ett svar.
Själen kom till vila först när kroppen saktat ned,
Många var de tankar som jag bar.

Stilla vaknar bilderna som dansar i min själ.
Allvar möter sorgens komedi.
Glada är ju många som jag känner ganska väl.
Några möter nattens tragedi.

Stilla vaknar sången med en mening utan ord,
som kan ge åt hjärtat harmoni.
Tusen stjärnor strålar över samma gamla jord,
när musikens band gör själen fri.

DET KUNDE VARIT DU

Det satt en gammal tiggare
vid porten till vårt hus.
Han var en uteliggare
som verkade burdus.

Han frågade om jag vill ge
en slant till hans små barn.
som frös i lånad lägenhet.
De bodde här i stan.

Det satt en fattig pundare
som räckte fram sin hand.
Han var en stor beundrare
av detta fina land.

En tjuga till en värmare
för sin familj, han sa.
Då gick jag lite närmare
och fråga' vem han va.

Jag är din bror med samma far.
Vi kom från samma plats.
Nu bor jag på en trottoar
och inte i palats.

Du tog ditt första andetag
med stor försiktighet.
Det kunde varit du en dag
som bad om givmildhet.

Det kunde varit jag som gick
på gatan klockan fem.
Två liv med skilda världar fick
ett möte och ett hem.

Nu går jag inte snabbt förbi
en hand som söker min.
Den kärlek som var utanför
har uppstått och vill in.

I tystnad underverket sker.
Försiktigt växer liv,
som ej vill äga mer och mer.
Barmhärtighet oss giv.

LJUSET BÄR MIN SJÄL

Foten känner steget.
Mörkret faller ner,
döljer allt mitt eget
som jag inte ser.

Trygg i dina händer
bevarar Du mig väl.
Livet återvänder.
Ljuset bär min själ.

Vägen känner livet
när jag kommit bort.
Tunt och sönderrivet
har det från oss gått.

Handen känner kylan.
Kärlek gör mig hel,
låter livet styra,
värmer varje del

Kroppen känner tyngden.
Ljuset bär min själ.
Bortom himlarymden
vill mig någon väl.

MÅNGA HÄNDER

Ett fönster öppnas i mitt liv,
en ingång i mitt hus.
Den slutna handen öppnar sig
som blomman av ditt ljus.

När många händer fattar tag
och binder vänskapsband,
blir livets stora bärarlag
en större skaparhand.

Jag känner hur ditt hjärta slår.
Jag bär din hand i min.
När var och en ett handtag får
kan alla komma in.

Här vilar mitt och andras hopp,
en framtid full av tro.
Tillsammans bildar vi en kropp
där vänskapen kan bo.

UTSÄTT OSS INTE FÖR PRÖVNING

Bara den som går
igenom livet utan strid
glömmer lätt att jordens hud är hård.
Aningslöst vi blundar
och ger våra sinnen frid
när vår trötta själ behöver vård.

Mitt i steget möter mig
en främling utan namn,
ställer sig i vägen för min färd.
Någon som vill pröva mig,
hur öppen är min famn?
Fattar inte vad min tid är värd.

Skicka inte prövningar
jag inte orkar med!
Bryt mig inte samman utan skäl.
Ta mig ur bekvämlighetens
trygga, varma pläd,
Du som hela livet vill mig väl.

Öppna mig och se
om jag gått vilse i mitt land.
Pröva om jag fastnat i mitt jag.
Kanske blir jag räddad
av en okänd främlings hand.
Nattens mörker blir till ljusan dag.

Möt mitt ord med tystnaden
som lyssnar och förstår.
Möt mitt slarv med stor försiktighet.
Möt begär med måttlighet
så andra också får.
Skapa i oss din barmhärtighet

KRUKMAKAREN I

Innan solen gått upp,
vaknade krukmakaren
av att Någon höll hans hjärta
med fasta händer på drejskivan.
Byggmästaren ville skapa
genom krukmakarens hantverk,
en skål fylld av allvar och glädje.
Det dagliga arbetets möda.
Ett blodkärl som öppnade sig
mot ljuset.

Medan solen gick upp,
tände krukmakaren
elden i sin brännugn
som gör livet hållbart.
Byggmästaren gav elden liv.
Röken gladde hans hjärta.
Den goda veden
som får utsidan att skimra
och hjärtat att glöda.
Dagliga förberedelser
för att väcka minnet
av framtiden.

När solen hade gått upp,
lämnade krukmakaren
sitt mellanrum i gryningen.
Fyllde sina händer med
den goda leran.
Samma former som igår,
men första gången
som just detta kärl blir till.
Den stigande formen
fann en upphittad snäcka,
gjorde avtryck på kärlväggen.

INGEN NATT SKALL VARA MER

Här i dunklets ensamhet
hör vi tiden går.
Varje långsamt andetag
längtar till en morgondag
när vi mer förstår.

Här i mörk gemensamhet
fäller vi en tår.
Alla tunga levnadskrav
gjorde plikten till vår grav,
som ett öppet sår.

Här i stilla varsamhet
ser vi livet står
vid en vändpunkt, något dör,
lämnar livet utanför.
Döden känns så svår.

Sakta faller vårt hus,
som en sten blir till grus
en ruin var ett tempel en gång.
I en ökenvinds sus
hör vi byggmästar'ns sång
på vår väg genom mörker till ljus,

Här i jordens evighet,
vi av livet får
ögon som i mörker ser.
Ingen natt ska vara mer.
Hoppet återstår.

Universums tidlöshet
visar ljusets spår.
Ständigt föds en värld på nytt
mörker blir i ljus förbytt.
Världens hjärta slår.

PÅ SÄKER GRUND

Stenen som är världens mitt
går i minnet bort.
Först när stenen kläs i vitt
syns vårt liv så kort.

Svävar under världens tak
som en meteor
Rör sig fram i sakta mak,
ingen vila får.

Landar så på jordisk mark.
Blir vårt nya hem.
Vandrar ut ur Noas Ark
till Jerusalem.

Resan är vårt äventyr.
Templet står där än.
När den nya dagen gryr
byggs det upp igen.

När allt är sönderrivet,
förstört och övergivet,
på säker grund byggs livet
upp igen.

Ljuset i en mörklagd värld,
hoppets säkra grund.
Stenen blir till huvudgärd.
Viloplats en stund.

På den grundsten som är lagd
bygger vi vårt hus.
Byggmästaren till oss sagt:
Fyll en stad med ljus!

KRUKMAKAREN II

När solen steg mot middag,
fick krukmakaren ny beställning.
Det frågades i denna stund
om hans händer kunde forma
ett kärl som var så litet
att det rymdes i varje själ,
och samtidigt så stort
att det rymde hela världen.
Jag har just ingen annan att fråga,
sa Byggmästaren, som en gång
skapat krukmakarens verkstad.

När solen stod som högst,
vägde krukmakaren sitt svar i handen.
Lera fanns det gott om.
Tiden räckte till.
Men hur tunn kan en kärlvägg vara,
utan att allt faller samman?
Och hur långsamt kan arbetet gå,
innan allt tyngs till jorden
av sin egen massa?
Varför vill Byggmästaren
ha ett sådant kärl
som sammanfattar allt?

När solen passerat zenit
gav krukmakaren sitt svar
i respektfull handling.
Drejskivan svängde
i takt med jordens solvarv.
När ett dygn passerat
lyfte krukmakaren av
sin tunna klocka
en öppen skål för ljuset.
Ett snitt och kärlet blev fritt.
Det som blev till i rörelse,
ska nu bära rörelse i sin stillhet.

När solen sjönk mot kväll,
lät krukmakaren sin kruka stå.
Bara låta vara ifred.
Ännu inte dags att fyllas.
Tömmas på allt sitt eget.
Prövas i väntans timmar.
Vila i mörkrets boning
medan förvandlingens timme nalkas.
Förbereda eldens kraft
som förbränner det falska
och stärker det sanna
utan att förstöra.

DEN FÖRSTA FÅGELN

När den nya dagen vaknar
grönskar skog och blånar berg.
Sommarljuset som vi smakar,
ger åt morgonen sin färg.

När den nya dagen skimrar
medan dimman ger sig av,
öppnas alla höga himlar.
Tar emot vad jorden gav.

När den nya dagen randas
spelar ensam gryningslåt.
Fågelsång med tystnad blandas
som ger eko efteråt.

När den nya dagen höjer
nattens tunga ögonlock.
Träden sig till jorden böjer,
knäpper barkens överrock.

När den nya dagen blåser
liv i vårens melodi,
svarar frispelsvirtuoser:
allting finns en mening i.

När den nya dagen prövar
vilken ton som låter bäst,
sitter koltrasten och övar
på den sång som föds härnäst.

Varje morgon är ett under
när den första tonen föds.
Dagens allra bästa stunder:
Natten går och ljuset möts.

Varje morgon finner livet
källan som vi kommer från.
Ingenting kan tas för givet,
Allting ges till oss som lån.

VEM KLAPPADE PÅ PORTEN

Vem klappade på porten
från all vår längtans land?
Vem väntar på eskorten
med nyckeln i sin hand?

Vem bådar med en hälsning
från land vi inte ser?
Vår framtid och vår frälsning
har inga gränser mer.

Vem hör oss bortom gränsen
när tiden rinner ut?
Den allra sista tjänsten
har aldrig något slut.

Vem bär oss över vatten
till land vi inte ser,
på silverväg i natten.
Du oss ej överger.

KRUKMAKAREN III

När solen närmade sig horisonten
satt Byggmästaren i dörren
och väntade på att ugnen skulle svalna.

Den skål som krukmakaren skapat
hade tagit djupa intryck av allt runtomkring;
Väggar och tak, fat och muggar,
vaser och kannor.
Nu tömdes ugnskammaren på innehåll.
Inget mer fanns att tillägga.
Allt kunde inte räddas.

När solen gick ner
fångade krukmakaren det röda ljuset
i sitt nya blodkärl.
Lyfte den ännu varma skålen
mot västerhimlens horisont,
tackade för ännu en dag
fylld av ljus och sanning.
När denna världens härlighet förgår,
lyser en inre glöd ur hjärtats skål
till brädden fylld av förtröstan.

REGNBÅGEN

I en grå besvikelse
tänds ett litet hopp.
Himmelriket öppnar sig,
världen lyser opp.

I min svarta tröstlöshet
gnistrar livet till.
Ser på rymdens kvällstapet
himmelens sigill.

Över nattens ödemark
bär vi dagens skörd.
Drömmen blir av längtan stark
Hjärtats bön blir hörd.

Under dagens ökenfärd
önskar vi ett slut.
Vägen gör nog mödan värd
när vi hittar ut.

Resan längs med livets flod,
startar än en gång.
Genom själens vankelmod
hör jag hoppets sång.

Tydligt för min inre syn;
himlen står i brand.
Hoppets båge tänds i skyn,
går från strand till strand.

När förtvivlan öser ner
färgas himlen röd.
Tårar torkas så vi ser
solens varma glöd.

Regnbågen som Gud oss gav
ger åt livet färg.
Hoppet bär min morgondag,
över dal och berg.

ETT TEMPEL I VÅRT HJÄRTA

I det stora rummet mitt i Världen,
hör vi ännu ljudet från Big Bang.
Genom universum styr vi färden,
vandrar genom stjärnornas terräng.

Någon bygger vintergatans tempel.
Varje sten bär Mästarens sigill.
Livets gåta bär en hemligstämpel
när vi möter stjärnans ljuspupill.

I det stora rummet mitt i Livet,
himlakroppar rör sig som till dans.
Ingenstans är kosmos övergivet,
allting har en Mästares balans.

Någon skapar helhet ur ett kaos,
bit för bit blir ursprungsbilden hel.
Sjunde dagen blir en vilopaus
full av tacksamhet för varje del.

I det stora rummet mitt i Hjärtat
lyser stjärnor med ett stilla ljus.
Mörkret som vill in har inte svärtat
väggarna och taket i vårt hus.

Någon reser templet i vårt inre
för att bygga liv på säker grund.
Här är världens avstånd lite mindre
när vi stannar upp en kort sekund.

Om det tar en evighet
att färdas från en stjärna
ska den en dag lysa
över templet i min själ.
Jag vill ändå bäras
på en våg av Lux Eterna.
Ljuset är välsignat
och det vill mig alltid väl.

SÅNGER FRÅN BALKONGEN

2014

SÅNG PÅ BALKONGEN

Vad är det för sång på balkongen?
En tvärflöjt spelar dagen lång.
Kanariefågelns gula sång.
Jag hör den för första gången.

På vår balkong
där blommar en liten trädgård
i grå betong,
en flygande grön balkong.

Vad är det för sång på balkongen?
En basgitarr spelar dagen lång.
Två hundar sjunger sin bruna sång.
Jag hör den för första gången.

På vår balkong
där blommar en liten trädgård
i grå betong,
en flygande grön balkong.

Efter dagens värme
i vår trappuppgång
är vi mycket närmre.
Kvällen går igång

På vår balkong
där blommar en liten trädgård
i grå betong,
en flygande grön balkong.

Vad är det för sång på balkongen?
En altfiol spelar dagen lång.
Tre katter sjunger sin röda sång.
Jag hör den för första gången.

På vår balkong
där blommar en liten trädgård
i grå betong,
en flygande grön balkong.

BLOMMAN I MIN SNÖKRISTALL

Vinter på Akropolis,
stenarna är hala.
Parthenon i morgondis
vaknar ur sin dvala.

Tunt är täcket snön har klätt.
Vinterspindlar spinner
som ett lager damm, så lätt
att det snabbt försvinner.

Värmen vilar mörk och kall
i nattens mollackord.
En stjärna i var snökristall
blir himlen på vår jord.

Blomman i min snökristall
föddes mitt i natten
som ett litet stjärnefall
ur en droppe vatten.

Vinterblommans andedräkt
fick av frosten vingar.
Ljuset ut ur kylan väckt
tonerna som klingar.

Föds på nytt ur snö och is,
tvättar gudar rena.
Vinter på Akropolis
sjunger för Athena.

MARKNADEN

Min gata har blivit ett marknadstorg,
där bilarna ställdes förut.
Nu kommer vi alla med varsin korg
och handlar tills allt tagit slut.
Min gata förvandlas till varuhus,
försäljarna skriker i kapp.
Tomatmannen låter bestämt burdus
och käften är envis och rapp.

Min marknad har blivit en mötesplats
där grannarna vandrar förbi.
Vi pratar om dagens maktpalats
som vaggan för demokrati.
Min marknad förvandlas till vardagsrum.
Det vanliga ordet blir kött.
En matkasse blir evangelium
för den som är hungrig och trött.

Det skapas ett rum mitt i livet
där bara det viktiga bor.
Det som verkade övergivet
är mera värt än vi tror.
Försäljarnas rörelsemönster
ger liv åt mitt gamla kvarter.
Bakom alla dörrar och fönster
bor människor som ingen ser.

Mitt vardagsrum växer till öppet hus
för mänskor jag aldrig har sett.
Gemenskapen tänder ett värmeljus
när samtalet gör oss till ett.
Mitt vardagsrum blir till en festlokal
med stjärnor på himlens kupol,
och köket förvandlas till matcentral
där livet får mening och mål.

Min gata har växt till mitt andra hem
när bostaden blivit för trång.
Här möter jag åter nu alla dem
jag kände som liten, en gång.
Min gata går hem till mitt eget bo,
men har ingen början och slut.
När vägen är målet blir tvivlet tro
och den som går in hittar ut.

LÄGG EN SLANT

Du kan köpa dig trygghet och köpa dig frid
när du ändå har vägarna förbi.
Det kostar ju bara din egen tid.
Lägg en slant och du köper dig fri.

Vi betalar för det som är gratis och fritt,
kastar pengar i drömmarnas älv.
Men när livet jag sökt, hela tiden var mitt
tog jag äntligen vägen om mig själv.

Ditt liv kan ej köpas för pengar,
din själ kan ej sättas i skuld.
De grindar i livet du stänger
är bättre än silver och guld.

Du kan köpa ett ljus som ger frid i din själ
när du ändå har vägarna förbi.
Det kostar ett mynt men det gör dig väl.
Lägg en slant och du köper dig fri.

Du kan köpa ett smycke som pryder din hals
när du ändå har vägarna förbi.
Det kostar ju nästan ingenting alls.
Lägg en slant och du köper dig fri.

TORGET

På torget står en liten tant
och säljer anemoner.
Hon blandar blommor elegant
i färgkombinationer.

Hon lyser som en färgpalett
bland alla vårprimörer.
Där köper jag en stor bukett
i blandade kulörer.

När varor byter ägare
vill marknaderna välja
så alla penningjägare
har någonting att sälja.

För allt som marknaden oss lärt
om blomrabatt för kunden
är prisavdraget avsevärt
i eftermiddagsstunden.

En blomma glöder violett
och några lyser röda.
En blå nyans jag aldrig sett
med vita kronblad spröda.

Den svarta glimmar mörk och tung
som grekiska små tanter.
Buketten lyser evigt ung
i regnbågsvarianter.

Vem hjälper henne hålla ut
när hennes kylskåp sinar
och pengarna är nästan slut
och musklerna förtvinar?

Jo, tanten har en stor passion
för vilda anemoner
som ger henne en dagsranson
av små naturhormoner.

Hon vet att blomsterängarna
en rikedom kan gömma.
I kjolen har hon pengarna
och kvitto kan man glömma.

Hon ser att blomsterkunderna
ger pengarna till maten,
men aldrig marknadsstunderna
blir inkomster för staten.

EN STOL I KARDAMYLI

Det sitter en man vid en smal trottoar,
på en stol som hans farfar har gjort.
För längesen var han en bjässe till karl,
och allt som han gjorde var stort.

Förr tutade traktorn en lustig fanfar
och saktade in vid hans port.
Han själv slängde käft med en snabb kommentar
om grannar och släkt på hans ort.

Nu har han sitt hus och sin utsiktsplats kvar,
men bilarna kör alltför fort.
Hans röst är så liten, den är ohörbar.
Han tycker hans liv är förgjort.

Hans kompis med traktorn har köpt Jaguar
och flyttat till stor huvudort.
En sådan förändring är helt otänkbar
för mannen som blir vid sin port.

När hundarna somnat och gatan står still
och katterna solar på taken,
då är det omöjligt, hur gärna han vill
försöka att hålla sig vaken.

När ljuset står högt under himmelens valv
och alla tar skugga i solen,
då sluter han ögat när dagen är halv
en kort mesimeri i stolen.

Han hoppas att allt ska förbli som det var
när solljuset gömde all lort
som ögonen ser när man ledsynen har
tills hans glasögon en dag kom bort.

Nu ser han i minnet ett fint exemplar
av tid som var vacker men kort.
Där sitter han stolt som i fornstora dar
och vinkar till varje transport.

GRÄNSLAND

Mellan himmel och jord
i ett gränsland utan ord
har jag väntat långa timmar på dig.
Mellan dagar och år
genom livets korridor
har jag väntat långa timmar på dig.

Mellan morgon och kväll
rör sig visarens skalpell.
Snart försvinner mina timmar med dig.
Mellan natt och dag
hör jag hjärtats slag
när jag räknar mina timmar med dig.

Mellan liv och död,
genom lust och nöd
har du lånat dina timmar till mig.
Mellan början och slut,
innan tiden rinner ut
vill jag vila mina timmar hos dig.

Vårda ömt, du lilla,
livet som du får.
Tiden står ju stilla,
det är vi som går.
En dag får du, lilla,
skörda det du sår.
Tiden står ju stilla,
det är vi som går.

TILL EN OKÄND GUD

Jag frågar mig om det är sant
att gud är mer än ord.
Det kanske är en sagotant
som skapade vår jord.

För ingen vet om gudar bor
i tempel utav sten.
Och ingen sett, men många tror
att gud är mer än en.

Det bor en gud i varje by.
Hon har ett fasligt slit.
Vid torget ska hon stå staty
och helst av marmor vit.

I varje hem där finns en vrå
med ljus som tänds var kväll.
Ikoner får på hyllan stå
i varje huskapell.

Men även om ett sändebud
har sagt att gud är stor,
så har jag mött en okänd gud
som i ett sandkorn bor.

Det lilla och det svaga bär
en motsatt energi
till katedralerna som är
ett heligt slöseri.

På väg till templet får jag se
att vägen är mitt mål.
Här finner jag mitt altare
som saknar prakt och prål.

En okänd gud är alltid mer
än tanken kan förstå.
En annorlunda gud som ger
istället för att få.

PÅ VÄG ÖVER HAVET

På väg över havet kom Paulus,
med väskorna fulla av brev.
Till vågornas dån och till vindarnas sus
han satt i kajutan och skrev.
På väg genom tvivlet kom Paulus,
med händerna fulla av tro.
Till havs hade drömmarna fyllts med ett ljus
där olösta frågor fick bo.

Vi bär våra frågor som rör vid vår själ,
där inget är självklart och sant.
Det okända stör oss och finns likaväl
för sanningen lever konstant.
Min framtid har svar på de frågor jag bär,
men jag vill ju redan förstå.
Min nyfikenhet är till mycket besvär,
och framtiden kommer ändå.

På väg över bergen kom Paulus,
en hälsning han bar i sin famn.
En främmande gud fick ett eget hus
där altaret saknade namn.
På väg genom staden kom Paulus
med ord som var fulla av kraft.
Athens filosofer fick strålkastarljus
på tankar de förut ej haft.

Vi har våra frågor som stör vårt försvar
när livet är mer än vi tror.
Nu lyssnar jag stilla och ber om ett svar
på frågan var sanningen bor.
En främling har svar på min önskan om ljus
när oron förmörkar min kropp.
Ett ord lyser in och uppfyller mitt hus
och livslågan tänder mitt hopp.

På väg över torget såg Paulus,
ett blivande charterbolag
där tempelplatsen blev varuhus
och handelsmoralen var svag.
På väg genom vimlet kom Paulus.
Vi bär hans kompass i vår hand.
Vår riktning i världen är ganska diffus.
Vår karta ett främmande land.

Vi var på väg genom livet
och såg en bild som försvann.
När vi tog en mänska för givet
då missade vi varann.

På väg genom tiden kom Paulus,
med minnen av dagar som var.
Rätt många tempel blev kullar av grus
och högarna finns inte kvar.
På väg genom livet kom Paulus
med dagarna fulla av tid.
En närvaro fyllde hans invärtes brus
och lungorna andades frid.

VARKEN JUDE ELLER GREK

Varken jude eller grek,
inte kvinna eller man.
Det är värdet inuti
som gör människan fri.
Varken liten eller stor,
inte syster eller bror.
Det är värdet inuti
som gör människan fri.

Varje mänska har ett namn,
varje möte har en famn,
med ett varmt och vänligt ord
landar himlen på vår jord.

Varken ensam eller par,
inte mor och inte far.
Det är värdet inuti
som gör människan fri.
Varken duktig eller dum,
inte pratsam eller stum.
Det är värdet inuti
som gör människan fri.

Varje mänska har ett namn,
varje möte har en famn,
med ett varmt och vänligt ord
landar himlen på vår jord.

Varken fånge eller fri,
inte hårdhänt slaveri.
Det är värdet inuti
som gör människan fri.
Varken gammal eller ung,
inte mager eller tung.
Det är värdet inuti
som gör människan fri.

Som ett gammalt etui
bär en pärla ren och klar,
med ett korn av sanning i
ger den gåtorna sitt svar.

Varken jude eller grek,
inte kvinna eller man.
Det är värdet inuti
som gör människan fri.
Varken liten eller stor,
inte syster eller bror.
Det är värdet inuti
som gör människan fri.

DEMOKRATINS VAGGA

Jag går i ett tåg utan skenor och hjul,
det rör sig i långsam takt.
På väg till palats som är granne med skjul
där hemlösa saknar makt.

Jag går i ett tåg utan vagnar och räls,
det stannar när nån ska på.
Det tutar och rörelsen återställs,
så fortsätter vi att gå.

Jag går mellan hopp och melankoli
i staden där vaggan stod.
Här övades Platons akademi,
nu prövas mitt tålamod.

Jag finner att demokrati är en lyx
som lever med Guds försorg.
Den föddes en morgon på berget Pnyx
och dog på Syntagma torg.

Mitt tåg är en stor demonstration
den största som nånsin hänt.
Nu närmar sig tåget sin slutstation,
regeringens parlament.

Mitt tåg stannar upp för att fylla på
med vatten och ordförråd.
Här tänker vi stanna och stilla stå
och ropa till borgarråd.

Jag går i ett tåg som har missat en tur,
när föraren hoppat av.
Det skakade till och det spårade ur
när modet oss övergav.

Jag står vid ett tåg på en tom perrong
där spåret i tunneln svängt.
Nu mörknar det snabbt efter solnedgång.
Demokratins vagga har stängt.

EN FIN STEN

Jag hittade en sten idag,
som liknade ett hjärta.
När allt blir tyst så lyssnar jag
till stranden som berättar
om stenar som är lätta.

Det kom en våg och sköljde in
en massa skräp på stranden.
Den bästa stenen någonsin
och det var jag som fann den!
Den gömde sig i sanden.

På vintern blir det ganska kallt
på våra varma stränder.
Då märker jag att överallt
blir skräpet som jag vänder
ett fynd i mina händer.

Den bästa tiden varje år
för den som letar stenar
är efter storm när stranden får
ett berg av löv och grenar
som havet förorenar.

Så rullar nya stenar fram
och lägger sig till rätta.
De skrubbar av sig gammalt slam
och låter havet tvätta
min sten och sen mitt hjärta.

HAVET VILL BÄRA MIG

Stödd på en käpp och med hatten i handen
vandrar hon långsamt till vattenbryn.
Röda sandaler hon lämnar i sanden,
kastar ett öga upp emot skyn.

Tittar sig om efter någon att hålla
armen ifall hon blir yr och trött.
Hatten på huvudet vill hon behålla.
Nylagda håret får inte bli blött.

Käppen står kvar men tanten är borta.
Ute till havs sticker huvudet opp.
Simmar hon sakta med bentagen korta.
Bästa med dagen är morgonens dopp.

Frågar en okänd vad klockan är slagen.
Kvart över nio får hon till svar.
Havet är stilla så tidigt på dagen.
Halvtimmes gympa, sen är hon klar.

Vågorna gungar mig fritt utan krav,
som fostervatten en gång var mitt hav.
Vindarna sjunger mig himmelens sång.
Havet vill bära mig ännu en gång.

Hur många bad har du gjort i år?
Man håller koll på varandras träning.
Tjugo på våren. Vad tiden går.
Landstigning kräver en ny betjäning.

Fattar nu käppen med stela händer.
Kvinnan blir gammal och kroppen tung.
Ungdomens krafter återvänder.
Havet gör andan och själen ung.

VÄNTAR EN BÅT

Varm sommardag
stiger i graderna.
Arkipelag,
port till cykladerna.
Väntar en båt,
bilarna kör ombord.
Nymålad plåt,
hytten iordninggjord.

Natten är lång.
Himlen och stjärnorna.
Motorn igång,
tänder lanternorna.
Måsarnas sång,
blinkar en liten fyr.
Natten är lång,
resan ett äventyr.

Vakterna bryr
sig om biljetterna.
Skepparen styr,
vaken på nätterna.
Båtar på rad,
alla ska ut ikväll.
Sommar och bad,
rum på ett bra hotell.

Natten är lång.
Himlen och stjärnorna.
Motorn igång,
tänder lanternorna.
Måsarnas sång,
blinkar en liten fyr.
Natten är lång,
resan ett äventyr.

Sommarsäsong,
himlen är varm och röd.
Aktersalong,
äter ett pitabröd.
Havet som bläck.
Trötta turisterna
sover på däck,
idealisterna.

ALDRIG LÅNGT BORTA

Allt vill Gud bära,
det stora och lilla.
Allting är nära,
rör sig, blir stilla.
Avstånd blir korta,
alla blir nära.
Aldrig långt borta.
Allt vill Gud bära.

I honom är det vi som finns,
vi lever och är till.
Vår framtid ger oss det vi minns
och hoppas att vi vill.
I Honom är det vi som bor
och vilar i Guds famn.
Vårt ursprung bär oss när vi tror
att han har gett vårt namn.

I honom är det vi som hör
i ensamhetens ljud,
en röst som viskar och berör
från evighetens Gud.
I honom är det vi som ser
ett ljus från evig tid.
Från klarhet och till klarhet ger
oss Herren av sin frid.

I honom är det vi som får
vår väg och vår kompass.
Han vandrar med oss när vi går
på långa arbetspass.
Där växer kärlek, hopp och tro.
Vårt liv blir mera hans.
I honom får vårt hjärta ro
och själen sin balans.

Allt vill Gud bära,
det stora och lilla.
Allting är nära,
rör sig, blir stilla.
Avstånd blir korta,
alla blir nära.
Aldrig långt borta.
Allt vill Gud bära.

EFTERORD

Efterord

Det sitter i väggarna. Så säger vi om traditioner och stämningar i olika hus och hem. En kyrka bär många minnen från generationer som samlats i den sockenkyrka de själva byggt. Om väggar kunde tala skulle berättelserna från flera århundraden lyfta fram bygdens liv. *Vi spänner upp en himmel* skrevs till Alsters kyrkas återinvigning 2005. Kyrkan är mötesplatsen där livet gestaltas från början till slut. Där finns plats för den största glädjen och den svåraste sorgen. I kyrkan ställs kraven och där lyfts bördan av från människans axlar. Förlåtelsen och befrielsen från gammal bitterhet och oförsonlighet byts mot livsmod och hopp om en framtid för kommande generationer.

Inför julen byggs krubban upp i Alsters kyrka. Landskapet med stallet och ängarna där herdarna väntar i natten. En ängel lyser upp nattmörkret och herdarna gnuggar sig i ögonen och lyssnar till sången under stjärnhimlen. Vi går till stallet och ser att *Det blåser i mitt Betlehem* med en vind som är både kall och hård.

Att bo på landet i Värmland är att ha skog och mark nära. Morgonpromenaden med hundarna Sally och Kajsa gav en upplevelse av att vara mitt i skapelsen. När dimman lättar i soluppgången

149

ligger marken nytvättad och livet blir till på nytt. *Ett dussin månader* om året blir ett helt varv av intryck där varje årstid har sina egna kännetecken. Texterna skrevs till barnkören i Alsters kyrka utanför Karlstad.

Det finns många sätt att gestalta livets olika faser. Från vaggan till graven genomgår vi ett antal förvandlingar som formar oss till de människor vi blir. Vi är som ett stycke lera i krukmakarens hand. Ofta går det bra och ett kärl växer fram och blir till glädje och nytta. Ibland misslyckas krukmakaren och får börja om. Att misslyckas är inte detsamma som att vara misslyckad. Många gånger är livets motgångar och kriser början på en ny vägsträcka som leder till mognad och växt. *Frihetens band* skrevs till frimurarlogen Carl August 200-årsjubileum i Karlstad år 2011.

I storstaden Athen finns många små samhällen. Varje stadsdel är sin egen värld och där finns allt man behöver; livsmedelshandlaren, bagaren, slaktaren, skomakaren, nyckelsliparen, pappersförsäljaren och många tavernor och caféer. Så varför skulle man "gå ner till Athen" när allt är både billigare och bättre i den egna stadsdelen.

I Sverige går man gärna ut och sätter sig i trädgården när vädret är behagligt. I Athen går man ut på balkongen. Där sitter man sena kvällar bakom fördragna markiser och ser på TV och pratar med grannarna medan man äter mat och dricker vin. För den som går förbi på gatan, låter det som ett orrspel i dunklet. *Sånger på balkongen* hörs i kvällningen. Människorna syns inte bakom solskydden. Där gungar en liten trädgård i grå betong, högt över markens stekheta asfalt. Sånger från balkongen skrevs till Skandinaviska kyrkan i Athen och spelades in på CD av Malin Gustafsson som också tonsatte dikterna.

Omvägar hemåt tar tid. Det finns rakare vägar som är snabbare och enklare. Omvägar har ofta ett annat och rikare innehåll. Att ta omvägen om mig själv är en av de viktigaste resorna. Där framträder det inre landskapet och livet klarnar.

Vi säger ibland att man är hemma där man har sina skor, eller där man har sin mössa. Efter sex år i Grekland är jag hemma här. Hemma är också i Karlstad. Omvägar hemåt leder inte bara till Värmland utan också tillbaks hem till Grekland. Jag känner mig hemma i Athen och hemma på Kreta. Det handlar om var man har ställt sina skor. I en liten by på södra Kreta har jag en stol som väntar på mig tills nästa gång jag kommer dit. Där bor den lilla svartklädda tanten som hälsar vänligt när jag går förbi hennes hus. Hon bjuder in mig och plockar en liten kasse mousmolla-frukter som hon bjuder på och önskar mig en trevlig eftermiddag. Att få bli en del i det lilla sammanhanget där gemenskapen är viktigare än individen, är värdefullt. Samtalet om vardagliga ting över ett litet glas vin gör dagen innehållsrik. Livet måste inte gå snabbt och almanackan klarar sig utan att vara fulltecknad. I den lilla byn på södra Kreta, går livet sakta. Det som ska hinnas med blir ändå gjort.

Det är något med enkelheten och närheten till människor och naturen som gör Kreta så speciellt. Oliverna och vinet är närproducerat. Brödet är nybakat hos byns bagare och lammköttet är från en av bönderna i byn. Sammanhanget finns tydligt i en liten by nära Libyska Havet.

 Gunnar Lidén, är född 1950 och uppväxt i Årjäng i västra Värmland. Omvägar Hemåt innehåller samlade dikter under åren 2005 - 2015. Sex år i Grekland har satt spår i både synsätt och diktning. Landet i sydöstra Europa har många gånger sett flyktingar komma och gå, sett ekonomin gå upp och ner. Svängningarna är stora i länderna vid Medelhavet medan livet i Värmland har varit lagom. De senaste åren har även Sverige påverkats av migration och förändringar i ekonomin.

Under åren i Grekland har flera av dikterna fått en ny innebörd genom den kris som landet och människor har genomgått sedan Greklands skuldbörda har tyngt vardagen ner till asfalten. Flyktingkrisen har väckt stor medkänsla och samtidigt orsakat spänningar i ett redan anstängt samhälle där de flesta kämpar för att få hushållskassan att räcka till.

Boken Grekiska Livstycken är 37 svenska kvinnors berättelser om livet i Grekland. Boken Under Tamarisken är mina berättelser med intryck från åren 2010-2016. Boken Omvägar Hemåt är en avstämning med dikter om livet på den yttre och inre scenen.